Impressum
Verlag: BABADADA GmbH, Nedderfeld 112 , 22529 Hamburg
Geschäftsführer / Verlagsleitung: Harald Hof
Druck: Books on Demand GmbH, In de Tarpen 42, 22848 Norderstedt

Imprint
Publisher: BABADADA GmbH, Nedderfeld 112 , 22529 Hamburg, Germany
Managing Director / Publishing direction: Harald Hof
Print: Books on Demand GmbH, In de Tarpen 42, 22848 Norderstedt

sajili
la salle de classe

kugawanya
diviser

186/2

ubao
le tableau noir

eneo la shule
la cour de récréation

mwalimu
l'enseignant

karatasi
le papier

kuandika
écrire

kalamu
le stylo

dawati
le bureau

rula
la règle

kitabu
le livre

mwanafunzi
l'élève

mkoba

le sac d'école

kikasha cha penseli

la trousse

penseli

le crayon

kichonga penseli

le taille-crayon

mpira

la gomme

pedi ya kuchora

le carnet à dessin

uchoraji

le dessin

brashi ya rangi

le pinceau

sanduku la rangi

la boîte de peinture

mkasi

les ciseaux

gundi

la colle

daftari

le cahier d'exercices

kazi ya nyumbani

les tâches

nambari

le chiffre

jumlisha

additionner

ondoa

soustraire

zidisha

multiplier

kokotoa

calculer

barua

la lettre

alfabeti

l'alphabet

neno

le mot

maandishi
........
le texte

kusoma
........
lire

chaki
........
la craie

somo
........
la leçon

sajili
........
le livre de classe

uchunguzi
........
l'examen

cheti
........
le certificat

sare za shule
........
l'uniforme scolaire

elimu
........
la formation

elezo
........
le lexique

chuo kikuu
........
l'université

darubini
........
le microscope

ramani
........
la carte

kikapu cha kuweka karatasi
chafu
........
la corbeille à papier

hoteli
l'hôtel

hosteli
l'auberge

ofisi ya ubadilishanaji
le bureau de change

sanduku
la valise

gari
la voiture

lugha
la langue

ndiyo / la
oui / non

sawa
d'accord

hujambo
Salut

mtafsiri
l'interprète

Asante
merci

**kiasi gani ni ...?**

Combien coûte...?

**Sielewi**

Je ne comprends pas

**tatizo**

le problème

**Jioni njema!**

Bonsoir!

**Habari za asubuhi!**

Bonjour!

**Usiku mwema!**

Bonne nuit!

**kwa heri**

Au revoir

**mwelekeo**

la direction

**mizigo**

les bagages

**mfuko**

le sac

**shanta**

le sac-à-dos

**mgeni**

l'hôte

**chumba**

la pièce

**begi la kulalia**

le sac de couchage

**hema**

la tente

taarifa ya utalii

l'office de tourisme

ufuo

la plage

kadi

la carte de crédit

kifunguakinywa

le petit-déjeuner

chakula cha mchana

le déjeuner

chakula cha jioni

le dîner

tiketi

le billet

kuinua

l'ascenseur

muhuri

le timbre

mpaka

la frontière

mila

la douane

ubalozi

l'ambassade

visa

le visa

pasipoti

le passeport

ndege
l'avion

meli
le navire

injini ya moto
le véhicule de pompiers

basi
le bus

lori
le camion

motaboti
le bateau à moteur

baiskeli
la bicyclette

gari
la voiture

feri

le ferry

mashua

la barque

pikipiki

la moto

gari la polisi

la voiture de police

gari la mashindano

la voiture de course

gari la kukodisha

la voiture de location

kushiriki gari

l'autopartage

lori la kuvuta

la dépanneuse

ukusanyaji taka

la benne à ordures

motor

le moteur

mafuta

l'essence

kituo cha mafuta

la station d'essence

ishara trafiki

le panneau indicateur

trafiki

le trafic

msongamano

l'embouteillage

maegesho

le parking

kituo cha treni

la gare

reli

les rails

garimoshi

le train

tremu

le tram

gari la mizigo

le wagon

helikopta

l'hélicoptère

uwanja wa ndege

l'aéroport

mnara

la tour

abiria

le passager

chombo

le container

katoni

le carton

mkokoteni

le chariot

kikapu

la corbeille

ondoka

décoller / atterrir

## jiji

## la ville

kijiji

le village

katikati ya jiji

le centre-ville

nyumba

la maison

sinema
le cinéma

tangazo
la publicité

taa za mitaani
le réverbère

barabara
la rue

teksi
le taxi

duka la vitafunio
le kiosque

mtembea kwa miguu
le piéton

njia ya waenda kwa miguu
le trottoir

kivuko
le passage piéton

pipa
la poubelle

kuvuka
le carrefour

taa za trafiki
les feux de circulation

kibanda

la cabane

gorofa

l'appartement

kituo cha treni

la gare

ukumbi wa mji

la mairie

Makavazi

le musée

shule

l'école

jiji  -  la ville

chuo kikuu

l'université

benki

la banque

hospitali

l'hôpital

hoteli

l'hôtel

duka la dawa

la pharmacie

ofisi

le bureau

duka la kitabu

la librairie

duka

le magasin

duka la maua

le fleuriste

dukakuu

le supermarché

soko

le marché

idara ya kuhifadhi

le grand magasin

mwuza samaki

la poissonnerie

kituo cha ununuzi

le centre commercial

bandari

le port

Hifadhi

le parc

benki

la banque

daraja

le pont

vidato

les escaliers

chini ya ardhi

le métro

handaki

le tunnel

kituo cha mabasi

l'arrêt de bus

bar

le bar

mgahawa

le restaurant

sanduku la posta

la boîte à lettres

ishara ya barabara

le panneau indicateur

mita ya maegesho

le parcomètre

bustani ya wanyama

le zoo

kidimbwi cha kuogelea

le réverbère

msikiti

la mosquée

shamba

la ferme

uchafuzi

la pollution

makaburini

le cimetière

kanisa

l'église

uwanja wa michezo

l'aire de jeux

hekalu

le temple

## mazingira

## le paysage

jani
la feuille

ishara ya mwelekeo
le panneau indicateur

njia
le chemin

malisho
le pré

jiwe
la pierre

mti
l'arbre

mtembeaji wa masafa
le randonneur

mto
la rivière

nyasi
l'herbe

ua
la fleur

bonde

la vallée

kilima

la montagne

ziwa

le lac

msitu

la forêt

jangwa

le désert

volkano

le volcan

ngome

le château

upinde wa mvua

l'arc-en-ciel

uyoga

le champignon

mtende

le palmier

mbu

le moustique

kuruka

la mouche

chungu

les fourmis

nyuki

l'abeille

buibui

l'araignée

mende

le scarabée

chura

la grenouille

kuchakuro

l'écureuil

nungunungu

le hérisson

sungura

le lapin

bundi

la chouette

ndege

l'oiseau

swan

le cygne

nguruwe mwitu

le sanglier

kulungu

le cerf

aina ya kongoni

l'élan

bwawa

le barrage

tabo ya upepo

l'éolienne

nishaji ya jua

le panneau solaire

hali ya hewa

le climat

mhudumu
le serveur

menyu
le menu

kiti
la chaise

supu
la soupe

piza
la pizza

vilia
les services

kitambaa cha mezani
la nappe

kiamsha hamu

les hors d'œuvre

kozi kuu

le plat principal

kitindamlo

le dessert

vinywaji

les boissons

chakula

l'alimentation

chupa

la bouteille

**chakula cha haraka**

le fast-food

**Streetfood**

les plats à emporter

**buli**

la théière

**kisanduku cha sukari**

le sucrier

**sehemu**

la portion

**mashine ya espresso**

la machine à expresso

**kiti kirefu**

la chaise haute

**muswada**

la facture

**trei**

le plateau

**kisu**

le couteau

**uma**

la fourchette

**kijiko**

la cuillère

**kijiko cha chai**

la cuillère à thé

**nepi**

la serviette

**glasi**

le verre

sahani

l'assiette

sahani ya supu

l'assiette à soupe

sufuria

la soucoupe

mchuzi

la sauce

kichanyaji chumvi

la salière

kinu cha pilipili

le moulin à poivre

siki

le vinaigre

mafuta

l'huile

viungo

les épices

kechapu

le ketchup

haradali

la moutarde

kachumbari nzito

la mayonnaise

ofa maalum
l'offre promotionnelle

mteja
le client

maziwa
les produits laitiers

matunda
les fruits

toroli
le caddie

mchinjaji
la boucherie

mwokaji
la boulangerie

uzito
peser

mboga
les légumes

nyama
la viande

chakula waliohifadhiwa
les aliments surgelés

vipande vya nyama baridi

la charcuterie

chakula cha kopo

les conserves

sabuni ya unga

la poudre à lessive

pipi

les bonbons

bidhaa za kaya

les articles ménagers

bidhaa za kusafisha

les détergents

mtu mauzo

la vendeuse

mpaka

la caisse

keshia

le caissier

orodha ya manunuzi

la liste d'achats

masaa ya ufunguzi

les heures d'ouverture

mkoba

le portefeuille

kadi

la carte de crédit

mfuko

le sac

mfuko wa plastiki

le sac en plastique

maji

l'eau

sharubati

le jus de fruit

maziwa

le lait

coke

le coca

mvinyo

le vin

bia

la bière

pombe

l'alcool

kakao

le chocolat chaud

chai

le thé

kahawa

le café

spreso

l'expresso

kapuchino

le cappuccino

ndizi

la banane

tufaha

la pomme

machungwa

l'orange

tikiti

le melon

lemon

le citron

karoti

la carotte

kitunguu saumu

l'ail

mianzi

le bambou

kitunguu

l'oignon

uyoga

le champignon

karanga

les noisettes

nudo

les pâtes

spageti

les spaghettis

mpunga

le riz

saladi

la salade

vibanzi

les frites

viazi vya kukaanga

les pommes de terre rôties

piza

la pizza

hambaga

le hamburger

sandwichi

le sandwich

kipande

l'escalope

paja la mnyama

le jambon

salami

le salami

soseji

la saucisse

kuku

le poulet

choma

le rôti

samaki

le poisson

oats ya uji

les flocons d'avoine

muesli

le muesli

cornflakes

les cornflakes

unga

la farine

kroisanti

le croissant

andazi

les petits-pains

mkate

le pain

mkate wa kubanika

le pain grillé

biskuti

les biscuits

siagi

le beurre

maziwa mgando

le fromage blanc

keki

le gâteau

yai

l'œuf

yai kukaanga

l'œuf au plat

jibini

le fromage

aiskrimu

la glace

sukari

le sucre

asali

le miel

jemu

la confiture

kuenea kwa chokoleti

la crème nougat

mchuzi wa viungo

le curry

nyumba ya kilimo
la ferme

majani bale
la botte de paille

ghalani
la grange

uwanja
le champ

farasi
le cheval

trela
la remorque

trekta
le tracteur

mtoto
le poulain

punda
l'âne

mwanakondoo
l'agneau

kondoo
le mouton

mbuzi
la chèvre

ng'ombe
la vache

ndama
le veau

nguruwe
le porc

mwananguruwe
le porcelet

fahali
le taureau

**batabukini**

l'oie

**bata**

le canard

**kifaranga**

le poussin

**kuku**

la poule

**jogoo**

le coq

**panya**

le rat

**paka**

le chat

**panya**

la souris

**ng'ombe**

le bœuf

**mbwa**

le chien

**nyumba ya mbwa**

le chenil

**bomba la bustani**

le tuyau de jardin

**debe la kumwagilia maji**

l'arrosoir

**fyekeo**

la faucheuse

**kulima**

la charrue

mundu
la faucille

jembe
la pioche

uma wa nyasi
la fourche

shoka
la hache

toroli
la brouette

kupitia nyimbo
la cuve

chombo cha maziwa
le pot à lait

gunia
le sac

ua
la clôture

imara
l'étable

chafu
la serre

udongo
le sol

mbegu
les semences

mbolea
l'engrais

kivunaji
la moissonneuse-batteuse

mavuno

récolter

mavuno

la récolte

viazi vikuu

l'igname

ngano

le blé

soya

le soja

viazi

la pomme de terre

mahindi

le maïs

rapa

le colza

mti wa matunda

l'arbre fruitier

muhogo

le manioc

nafaka

les céréales

chimni
la cheminée

paa
le toit

bomba la maji ya mvua
la gouttière

dirisha
la fenêtre

gareji
le garage

kengele ya mlangoni
la sonnette

mlango
la porte

pipa la taka
la poubelle

sanduku la barua
la boîte aux lettres

bustani
le jardin

sebuleni

le salon

bafu

la chambre de bain

jikoni

la cuisine

chumba cha kulala

la chambre à coucher

chumba ya mtoto

la chambre d'enfant

chumba cha kulia

la salle à manger

sakafu

le sol

ukuta

le mur

dari

le plafond

pishi

la cave

sauna

le sauna

roshani

le balcon

mtaro

la terrasse

kidimbwi

la piscine

mashine ya kukata nyasi

la tondeuse à gazon

karatasi

la fourre de duvet

kitambaa cha kupamba
kitanda

la couette

kitanda

le lit

ufagio

le balai

ndoo

le sceau

kubadili

l'interrupteur

mandhari
le papier peint

picha
l'image

taa
la lampe

rafu
l'étagère

kabati
l'armoire

mekoni
la cheminée

televisheni/runinga
la télé

ua
la fleur

mto
le coussin

sofa
le canapé

chombo cha maua
le vase

kitenzambali
la télécommande

**zulia**
le tapis

**pazia**
le rideau

**meza**
la table

**kiti**
la chaise

**kiti cha bembea**
la chaise à bascule

**armchair**
le fauteuil

kitabu

le livre

blanketi

la couverture

mapambo

la décoration

kuni

le bois de chauffage

filamu

le film

kifaa cha hi-fi

la chaîne hi-fi

ufunguo

la clé

gazeti

le journal

uchoraji

la peinture

bango

le poster

redio

la radio

daftari

le bloc-notes

kifyonza

l'aspirateur

dungusi kakati

le cactus

mshumaa

la bougie

**jokofu**
le frigo

**kikanza**
le four à micro-ondes

**wadogo jikoni**
la balance de cuisine

**kibaniko**
le toasteur

**sabuni**
le détergent

**stovu**
le four

**friza**
le compartiment congélateur

**pipa la taka**
la poubelle

**mashine ya kuoshea vyombo**
le lave-vaisselle

jiko la kupika
le four

chungu
la casserole

sufuria ya chuma
la marmite

wok / kadai
le wok/kadai

kaango
la poêle

birika
la bouilloire électrique

**stima**

le cuiseur vapeur

**sinia ya kuoka**

la plaque de cuisson

**vyombo vya udongo**

la vaisselle

**kombe**

le gobelet

**bakuli**

le bol

**vijiti vya kulia**

les baguettes

**ukawa**

la louche

**mwiko mpana**

la spatule

**burashi**

le fouet

**kichujio**

la passoire

**chujio**

le tamis

**mbuzi**

la râpe

**chokaa**

le mortier

**barbeque**

le barbecue

**moto wazi**

la cheminée

ubao wa majaribio

la planche à découper

kijiti cha kusukuma unga

le rouleau à pâtisserie

kizibuo

le tire-bouchon

kopo

la boîte

inaweza kopo

l'ouvre-boîte

kishikio cha chungu

les maniques

karo

le lavabo

brashi

la brosse

sifongo

l'éponge

kisagaji matunda

le mixeur

friji ya kina

le congélateur

chupa ya mtoto

le biberon

bomba

le robinet

joto
le chauffage

mfereji wa kuogea
la douche

taulo
la serviette

pazia la kuogea
le rideau de douche

maji ya kuoga yenye povu
le bain moussant

hodhi
la baignoire

glasi
le verre

mashine ya kuosha
la machine à laver

bomba
le robinet

vigae
le carrelage

poti
le pot

karo
le lavabo

choo

les toilettes

choo cha squat

la toilette à la turque

beseni la mviringo

le bidet

choo cha umma

l'urinoir

shashi

le papier toilette

brashi ya choo

la brosse à toilette

**mswaki**

la brosse à dents

**dawa ya meno**

le dentifrice

**dawa ya meno**

le fil dentaire

**safisha**

laver

**kuoga mkono**

la douche manuelle

**msukumo wa maji**

la douche intime

**bonde**

la vasque

**mpako wa pili**

la brosse dorsale

**sabuni**

le savon

**jeli ya kuogea**

le gel douche

**shampuu**

le shampooing

**flana**

le gant de toilette

**toa maji**

l'écoulement

**krimu**

la crème

**kiondoa harufu**

le déodorant

kioo
le miroir

kioo mkono
le miroir cosmétique

kinyozi
le rasoir

povu la kunyoa
la mousse à raser

baada ya kunyoa
l'après-rasage

kichana
la peigne

brashi
la brosse

kikausha nywele
le sèche-cheveux

marashi ya nyewele
la laque pour cheveux

vipodozi
le fond de teint

kidomwa
le rouge à lèvres

varnish ya msumari
le vernis à ongles

pamba
l'ouate

mkasi wa kucha
le coupe-ongles

manukato
le parfum

mkoba wa kuosha

la trousse de toilette

kinyesi

le tabouret

mizani

la balance

nguo ya kuoga

le peignoir

glavu za mpira

les gants de nettoyage

kisodo

le tampon

sodo

es serviettes hygiéniques

kemikali choo

la toilette chimique

# chumba ya mtoto
# la chambre d'enfant

saa ya kengele
le réveil

kidoli cha kupakata
le doudou

gari bandia
la voiture jouet

kelele
le hochet

chumba cha midoli
la maison de poupée

sasa
le cadeau

baluni

le ballon

kitanda

le lit

mashua

la poussette

staha ya kadi

le jeu de cartes

mchezo-fumb

le puzzle

vichekesho

la bande dessinée

matofali lego

les pièces lego

vitalu mwigo

les blocs de construction

hatua takwimu

la figurine

suti ya kulalia

la grenouillère

kisahani

le frisbee

simu

le mobile

ubao wa michezo

le jeu de société

kete

le dé

garimoshi mwigo

le train miniature

dummy

la sucette

chama

la fête

picha kitabu

le livre d'images

mpira

la balle

kikaragosi

la poupée

kucheza

jouer

shimo la mchanga

le bac à sable

bembea

la balançoire

vitu bandia

les jouets

kiweko cha video ya mchezo

la console de jeu

baiskeli ya magurudumu

le tricycle

matatu

mwanasesere

l'ours en peluche

kabati

l'armoire

## nguo

## les vêtements

soksi

les chaussettes

stokingi

les bas

kibano

le collant

skafu
l'écharpe

mwavuli
le parapluie

ukanda
la ceinture

fulana
le t-shirt

viatu
les bottes

ndara
les pantoufles

wakufunzi
les baskets

malapa

les sandales

viatu

les chaussures

mabuti ya mpira

les bottes de caoutchouc

suruali ya ndani

le linge de corps

sidiria

le soutien-gorge

fulana

le maillot de corps

**mwili**

le body

**suruali**

le pantalon

**dangirizi**

le jean

**sketi**

la jupe

**blauzi**

le chemisier

**shati**

la chemise

**vuta**

le pull

**sweta**

le pull-over à capuche

**bleza**

la veste

**jaketi**

la veste

**koti**

le manteau

**koti la mvua**

l'imperméable

**maleba**

le costume

**gauni**

la robe

**mavazi ya harusi**

la robe de mariée

suti

le costume

vazi la usiku

la chemise de nuit

pajama

le pyjama

sari

le sari

skafu

le foulard

kilemba

le turban

burka

la burqa

kaftan

le caftan

abaya

l'abaya

vazi la kuogelea

le maillot de bain

vazi la kiume la kuogelea

le costume de bain

kaptura

les cuissettes

teitei

la tenue d'entraînement

aproni

le tablier

glavu

les gants

nguo - les vêtements

kifungo

le bouton

glasi

les lunettes

bangili

le bracelet

mkufu

le collier

pete

la bague

herini

la boucle d'oreille

kofia

le bonnet

kiango cha koti

le cintre

kofia

le chapeau

tai

la cravate

zipu

la fermeture éclair

kofia

le casque

kanda za suruali

les bretelles

sare za shule

l'uniforme scolaire

sare

l'uniforme

bibu
...............
le bavoir

dummy
...............
la sucette

nepi
...............
la couche

seva
le serveur

kabati la kuweka faili
l'armoire d'archivage

kichapishaji
l'imprimante

kiwambo
l'écran

karatasi
le papier

dawati
le bureau

kipanya
la souris

folda
le classeur

kibodi
le clavier

cha kuweka karatasi chafu
eille à papier

kompyuta
l'ordinateur

kiti
la chaise

kmobe la kahawa
...............
la tasse à café

kikokotoo
...............
la calculatrice

biashara
...............
l'internet

mbali

l'ordinateur portable

barua

la lettre

ujumbe

le message

rununu

le portable

intaneti

le réseau

fotokopia

la photocopieuse

programu

le logiciel

simu

le téléphone

soketi

la prise

kipepesi

le fax

fomu

le formulaire

hati

le document

kununua

acheter

kulipa

payer

biashara

marchander

fedha

la monnaie

dola

le dollar

yuro

l'euro

yeni

le yen

rouble

le rouble

faranga ya Uswisi

le franc suisse

renminbi yuan

le renminbi yuan

rupia

la roupie

eneo la kulipia

le distributeur automatique

ofisi ya ubadilishanaji

le bureau de change

dhahabu

l'or

fedha

l'argent

mafuta

le pétrole

nishati

l'énergie

bei

le prix

mkataba

le contrat

kodi

la taxe

bidhaa

l'action

kazi

travailler

mfanyakazi

l'employé

mwajiri

l'employeur

kiwanda

l'usine

duka

le magasin

afisa wa polisi
l'agent de police

mzimamoto
le pompier

rubani
le pilote

mpishi
le cuisinier

daktari
le médecin

mtunza bustani

le jardinier

seremala

le menuisier

mshonaji

la couturière

hakimu

le juge

mwanakemia

le chimiste

muigizaji

l'acteur

dereva wa basi

le conducteur de bus

dereva wa teksi

le chauffeur de taxi

mvuvi

le pêcheur

mwanamke wa kusafisha

la femme de ménage

mwezekaji

le couvreur

mhudumu

le serveur

mwindaji

le chasseur

mchoraji

le peintre

mwokaji

le boulanger

umeme

l'électricien

mjenzi

l'ouvrier

mhandisi

l'ingénieur

mchinjaji

le boucher

fundi bomba

le plombier

mwanaposta

le facteur

mwanajeshi

le soldat

msanifu majengo

l'architecte

keshia

le caissier

muuza maua

le fleuriste

msusi

le coiffeur

kondakta

le contrôleur

mekanika

le mécanicien

nahodha

le capitaine

daktari wa meno

le dentiste

mwanasayansi

le scientifique

rabbi

le rabbin

imamu

l'imam

mtawa

le moine

kasisi

le prêtre

nyundo
le marteau

koleo
les pinces

bisibisi
le tournevis

spana
la clé

kurunzi
la torche

mchimbaji

la pelleteuse

sanduku la vifaa

la boîte à outils

ngazi

l'échelle

msumeno

la scie

misumari

les clous

kuchimba visima

la perceuse

kukarabati
réparer

sepetu
la pelle

Lo!
Mince!

kishikio cha uchafu
la pelle

chungu cha rangi
le pot de peinture

skurubu
les vis

## ala za muziki
## les instruments de musique

mpangilio wa ngoma
la batterie

spika
le haut-parleur

gita
la guitare

besi mara mbili
la contrebasse

tarumbeta
la trompette

piano

le piano

fidla

le violon

ubeji

la basse

timpani

les timbales

ngoma

le tambour

kibodi

le piano électrique

saksafoni

le saxophone

filimbi

la flûte

maikrofoni

le microphone

lango la kuingia
l'entrée

simbamarara
le tigre

ngome
la cage

pundamilia
le zèbre

chakula cha mifugo
l'alimentation animale

panda
le panda

wanyama
les animaux

tembo
l'éléphant

kangaruu
le kangourou

kifaru
le rhinocéros

sokwe
le gorille

dubu
l'ours

ngamia

le chameau

mbuni

l'autruche

simba

le lion

tumbili

le singe

heroe

le flamand rose

kasuku

le perroquet

dubu

l'ours polaire

penguini

le pingouin

papa

le requin

tausi

le paon

nyoka

le serpent

mamba

le crocodile

mtunza wanyama

le gardien de zoo

muhuri

le phoque

jaguar

le jaguar

mwanafarasi

le poney

chui

le léopard

kiboko

l'hippopotame

twiga

la girafe

tai

l'aigle

nguruwe mwitu

le sanglier

samaki

le poisson

kobe

la tortue

sili

le morse

mbweha

le renard

paa

la gazelle

soka ya marekani
l'american Football

uendeshaji baiskeli
le cyclisme

tenisi
le tennis

mpira wa kikapu
le basket-ball

kuogelea
la natation

magongo ya barafuni
le hockey sur glace

ndondi
la boxe

soka

le football

vinyoya

le badminton

riadha

l'athlétisme

mpira wa mikono

le handball

skii

le ski

polo

le polo

cheka
rire

kuruka
sauter

kumbatia
embrasser

kutembea
marcher

kuimba
chanter

ota ndoto
rêver

kuomba
prier

busu
faire la bise

kuandika

écrire

kuteka

dessiner

angalia

montrer

sukuma

pousser

kutoa

donner

kuchukua

prendre

kuwa

avoir

fanya

faire

kuwa

être

kusimama

être debout

kukimbia

courir

vuta

trier

kutupa

jeter

kuanguka

tomber

hadaa

être couché

kusubiri

attendre

kubeba

porter

kukaa

être assis

vaa nguo

s'habiller

usingizi

dormir

kuamka

se réveiller

kuangalia

regarder

lia

pleurer

kiharusi

caresser

chana nywele

peigner

ongea

parler

kuelewa

comprendre

kuuliza

demander

kusikiliza

écouter

kunywa

boire

kula

manger

nadhifisha

ranger

upendo

aimer

mpishi

cuire

gari

conduire

kuruka

voler

meli

faire de la voile

kokotoa

calculer

kusoma

lire

kujifunza

apprendre

kazi

travailler

kuoa

se marier

kushona

coudre

piga mswaki

se brosser les dents

kuua

tuer

moshi

fumer

kutuma

envoyer

ibi
grand-mère

babu
le grand-père

baba
le père

mama
la mère

mtoto
le bébé

binti
la fille

bin
le fils

mgeni

l'hôte

shangazi

la tante

mjomba

l'oncle

kaka

le frère

dada

la sœur

paji la uso
le front

jicho
l'œil

bega
l'épaule

kidole
le doigt

uso
le visage

kidevu
le menton

mkono
la main

matiti
la poitrine

mguu
la jambe

mkono
le bras

mtoto

le bébé

mwanamume

l'homme

mwanamke

la femme

msichana

la fille

mvulana

le garçon

kichwa

la tête

nyuma

le dos

tumbo

le ventre

kitovu

le nombril

chano

l'orteil

kisigino

le talon

mfupa

l'os

nyonga

la hanche

goti

le genou

kiwiko

le coude

pua

le nez

chini

les fesses

ngozi

la peau

shavu

la joue

sikio

l'oreille

mdomo

la lèvre

kinywa

la bouche

jino

la dent

ulimi

la langue

ubongo

le cerveau

moyo

le cœur

misuli

le muscle

pafu

les poumons

ini

le foie

tumbo

l'estomac

figo

les reins

jinsia

le rapport sexuel

kondomu

le préservatif

ovari

l'ovule

shahawa

le sperme

mimba

la grossesse

hedhi

la menstruation

uke

le vagin

uume

le pénis

unyusi

le sourcil

nywele

les cheveux

shingo

le cou

hospitali
l'hôpital

gari la wagonjwa
l'ambulance

kiti cha magurudumu
le fauteuil roulant

jeraha
la fracture

daktari

le médecin

chumba cha dharura

le service des urgences

muuguzi

l'infirmière

dharura

l'urgence

kupoteza fahamu

inconscient

maumivu

la douleur

kuumia

la blessure

kutokwa na damu

l'hémorragie

mshtuko wa moyo

la crise cardiaque

kiharusi

l'attaque cérébrale

mzio

l'allergie

kikohozi

la toux

homa

la fièvre

mafua

la grippe

kuharisha

la diarrhée

maumivu ya kichwa

le mal de tête

kansa

le cancer

ugonjwa wa kisukari

le diabète

daktari mpasuaji

le chirurgien

kisu kidogo cha kupasulia

le scalpel

operesheni

l'opération

picha changanufu ya mwili

le CT

Eksrei

la radiographie

mawimbi sauti

l'échographie

barakoa ya uso

le masque

ugonjwa

la maladie

chumba cha kusubiri

la salle d'attente

mkongojo

la béquille

plasta

le pansement

bendeji

le pansement

sindano

l'injection

stetoskopu

le stéthoscope

machela

le brancard

kipimajoto cha kliniki

le thermomètre

kuzaliwa

l'accouchement

unene kupita kiasi

le surpoids

kusikia misaada

l'appareil auditif

kipukusi

le désinfectant

maambukizi

l'infection

virusi

le virus

VVU / UKIMWI

le VIH / le sida

dawa

le médicament

chanjo

la vaccination

vidonge

les tablettes

kidonge

la pilule

simu ya dharura

l'appel d'urgence

haemodainamometa

le tensiomètre

mgonjwa / mwenye afya

malade / sain

Msaada!

Au secours!

kengele

l'alarme

pigo

l'agression

shambulizi

l'attaque

hatari

le danger

lango la dharura

la sortie de secours

Moto!

Au feu!

kizima moto

l'extincteur

ajali

l'accident

vifaa vya huduma ya kwanza

la trousse de premier secours

wito wa msaada

SOS

polisi

la police

Ulaya

l'Europe

Amerika ya Kaskazini

l'Amérique du Nord

Amerika ya Kusini

l'Amérique du Sud

Afrika

l'Afrique

Asia

l'Asie

Australia

l'Australie

Atlantiki

l'Océan atlantique

Pasifiki

l'Océan pacifique

Bahari ya Hindi

l'Océan indien

Bahari ya Antaktiki

l'Océan antarctique

Bahari ya Aktiki

l'Océan arctique

Ncha ya Kaskazini

le Pôle nord

Ncha ya Kusini

le Pôle sud

Antaktika

l'Antarctique

dunia

la terre

nchi

le pays

bahari

la mer

kisiwa

l'île

taifa

la nation

jimbo

l'état

uso wa saa

le cadran

akrabu ya saa

l'aiguille des heures

akrabu ya dakika

l'aiguille des minutes

akrabu ya sekunde

l'aiguille des secondes

Ni saa ngapi?

Quelle heure est-il?

siku

le jour

wakati

le temps

sasa

maintenant

saa ya dijitali

la montre digitale

dakika

la minute

saa

l'heure

Jumatatu lundi
Jumatano mercredi
Ijumaa vendredi
Jumamosi samedi
Jumanne mardi
Alhamisi jeudi
Jumapili dimanche

jana

hier

leo

aujourd'hui

kesho

demain

asubuhi

le matin

saa sita mchana

le midi

jioni

le soir

siku za biashara

les jours ouvrables

mwishoni mwa wiki

le week-end

mvua
la pluie

upinde wa mvua
l'arc-en-ciel

theluji
la neige

upepo
le vent

majira ya machipuko
le printemps

vuli
l'automne

kiangazi
l'été

majira ya baridi
l'hiver

utabiri wa hali ya hewa

la météo

kipimajoto

le thermomètre

mwanga wa jua

la lumière du soleil

wingu

le nuage

ukungu

le brouillard

unyevu

l'humidité

umeme

la foudre

radi

le tonnerre

dhoruba

la tempête

mvua ya mawe

la grêle

monsuni

la mousson

mafuriko

l'inondation

barafu

la glace

Januari

janvier

Februari

février

Machi

mars

Aprili

avril

Mei

mai

Juni

juin

Julai

juillet

Agosti

août

Septemba

septembre

Oktoba

octobre

Novemba

novembre

Desemba

décembre

# maumbo

## les formes

mduara

le cercle

mraba

le carré

mstatili

le rectangle

pembetatu

le triangle

nyanja

la sphère

mchemraba

le cube

nyeupe

blanc

manjano

jaune

chungwa

orange

rangi ya waridi

rose

nyekundu

rouge

hudhurungi

violet

bluu

bleu

kijani

vert

hanja

marron

jivujivu

gris

nyeusi

noir

mengi / kidogo

beaucoup / peu

hasira / pole

fâché / calme

nzuri / mbaya

joli / laid

mwanzo / mwisho

le début / la fin

kubwa / ndogo

grand / petit

angavu / giza

clair / obscure

kaka / dada

le frère / la sœur

safi / chafu

propre / sale

kamilika / tokamilika

complet / incomplet

siku / usiku

le jour / la nuit

wafu / hai

mort / vivant

pana / nyembamba

large / étroit

**kulika / kutolika**

comestible / incomestible

**ovu / ema**

méchant / gentil

**sisimkwa / udhika**

excité / ennuyé

**nene / nyembamba**

gros / mince

**kwanza / mwisho**

le premier / le dernier

**rafiki / adui**

l'ami / l'ennemi

**jaa / tupu**

plein / vide

**ngumu / laini**

dur / souple

**nzito / nyepesi**

lourd / léger

**njaa / kiu**

faim / soif

**mgonjwa / mwenye afya**

malade / sain

**haramu / kisheria**

illégal / légal

**akili / kijinga**

intelligent / stupide

**kushoto / kulia**

gauche / droite

**karibu / mbali**

proche / loin

mpya / kutumika

nouveau / usé

kitu / jambo

rien / quelque chose

zee / changa

vieux / jeune

waka / zima

marche / arrêt

wazi / fungwa

ouvert / fermé

utulivu / kelele

faible / fort

tajiri / masikini

riche / pauvre

sahihi / kosa

correct / incorrect

mbaya / laini

rugueux / lisse

huzunika / furahia

triste / heureux

fupi /ndefu

court / long

polepole / haraka

lent / rapide

nyevu / kavu

mouillé / sec

joto / baridi

chaud / froid

vita / amani

la guerre / la paix

**0**

sufuri

zéro

**1**

moja

un

**2**

mbili

deux

**3**

tatu

trois

**4**

nne

quatre

**5**

tano

cinq

**6**

sita

six

**7**

saba

sept

**8**

nane

huit

**9**

tisa

neuf

**10**

kumi

dix

**11**

kumi na moja

onze

## 12
kumi na mbili

douze

## 13
kumi na tatu

treize

## 14
kumi na nne

quatorze

## 15
kumi na tano

quinze

## 16
kumi na sita

seize

## 17
kumi na saba

dix-sept

## 18
kumi na nane

dix-huit

## 19
kumi na tisa

dix-neuf

## 20
ishirini

vingt

## 100
mia

cent

## 1.000
elfu

mille

## 1.000.000
milioni

le million

nambari - les nombres

# lugha
## les langues

Kiingereza

l'anglais

Kiingereza cha Marekani

l'anglais américain

Kimandarini cha Uchina

le chinois mandarin

Kihindi

le hindi

Kihispania

l'espagnol

Kifaransa

le français

Kiarabu

l'arabe

Kirusi

le russe

Kireno

le portugais

Kibengali

le bengali

Kijerumani

l'allemand

Kijapani

le japonais

mimi

je

wewe

tu

yeye / yeye / ni

il / elle

sisi

nous

wewe

vous

wao

ils / elles

nani?

qui?

nini?

quoi?

jinsi gani?

comment?

wapi?

où?

lini?

quand?

jina

le nom

nyuma

derrière

katika

dans

mbele ya

devant

juu ya

au-dessus

kwenye

sur

chini ya

en-dessous

kando

à côté de

kati

entre

mahali

le lieu